Johannes Horn

Mana

Eine Novelle

 tredition

Verlagslabel: Edition J.H.
ISBN Softcover: 978-3-384-02975-1
ISBN E-Book: 978-3-384-02976-8

Druck und Distribution im Auftrag des Autors:
tredition GmbH, Heinz-Beusen-Stieg 5, 22926 Ahrensburg, Germany

Mana heißt das Mädchen, das zusammen mit ihrer fünfköpfigen Familie das von Krieg und Elend heimgesuchte Syrien verlassen hatte und nach Deutschland gekommen ist. Eine Flüchtlingsfamilie also, die sich hier in Deutschland eine neue Identität, ein neues gesellschaftliches Bewusstsein erarbeiten musste. Der Vater, ehemals Lehrer an einem Gymnasium in Aleppo, ist auf der Suche nach einer geeigneten beruflichen Betätigung. Die Mutter, eine gelernte Krankenschwester, tat sich leichter, nach Absolvierung einiger Sprachkurse, eine Anstellung im hiesigen Krankenhaus zu finden. Die Familie lebte in Aleppo in einer christlichen Gemeinde. Die Menschen dort, gleich welcher religiösen Überzeugung, lebten in gegenseitigem Respekt und persönlicher Wertschätzung harmonisch zusammen. Religion als Gegenstand des Glaubens war Teil der Persönlichkeit und wurde in keiner Weise in Frage gestellt. Toleranz musste nicht eingefordert werden, sie war eine Selbstverständlichkeit. In diesem Geist wuchsen die Kinder auf.

Der älteste Sohn, Adil, hatte in Syrien gerade das Abitur bestanden und kämpft nun hier in Deutschland um die Anerkennung seiner schulischen Leistungen. Mana hat das Abitur noch vor sich; sie ist drei Jahre jünger als Adil, hat aber schon jetzt klare Vorstellungen von ihrer beruflichen Zukunft, sie will Ärztin werden. Schon während ihrer Schulzeit hatte sie auf Anraten der Mutter ein Praktikum in einer dortigen Klinik absolviert, wodurch ihr Interesse für die Medizin geweckt wurde. Es war jedoch nicht der Status, der den Ärzten besonderes Ansehen verschafft, der ihre Neigungen zur Medizin beflügelte, vielmehr war es die Unmittelbarkeit zwischenmenschlicher Erfahrungen bei der Pflege und der Fürsorge kranker Menschen, bei den vielen Gesprächen und Hilfestellungen, die den Patienten zuteilwurden, die in ihr die Überzeugung reifen ließ, dass dort ihr Platz sein müsse. Deen, der jüngere Bruder, war gerade mal sieben Jahre und eben erst in die Schule gekommen. Insgesamt eine gut situierte, bürgerliche Familie ohne wirtschaftliche Probleme eingebettet in ein stabiles, gesellschaftliches Gefüge mit einer Vielzahl von Freunden und Bekannten, mit denen sie ihr Leben teilten.

Dann aber kam der Krieg. In das eigene Volk von einem machtbesessenen und selbstherrlichen Autokraten getragen, zerstörte dieser Krieg alle Ordnungen und alle Lebensgrundlagen, zog wie ein Fegefeuer durchs Land und brachte Not und Elend über die Menschen. So wurde auch unsere Familie herausgerissen aus den Vertrautheiten des Alltäglichen, aus der Normalität des Selbstverständlichen. Ihre Welt war untergegangen und nun sind sie auf der Suche nach ihrer Zukunft.

Auf Grund ihrer bisherigen guten Leistungen konnte Mana zunächst an einem Sprachkurs teilnehmen und wurde dann einem hiesigen Gymnasium zugeteilt. Sie tat sich nicht sonderlich schwer, in dieser für sie fremden Welt Fuß zu fassen; auch konnte sie dem Unterricht mühelos folgen. Sie war ein sonniges Kind, lebensfroh, aufgeschlossen und kontaktfreudig. Sie fand sich zurecht. Trotz aller Lebenszugewandtheit erfüllte sie ihre schulischen Aufgaben mir Sorgfalt und Fleiß. Sie war ein vergnügtes, heiteres Kind mit der Gabe, das Licht der morgendlichen Sonne in den Tag zu tragen und Bekannte und Freunde Teil haben zu lassen an ihrem positiven Denken und ihrer beschwingt aufmunternden Art. Zugleich aber war sie ein ernster und nachdenklicher Mensch fern von jeder Oberflächlichkeit und ungestümen Leichtfertigkeit. Alles, was sie sagte, schien überlegt, glaubwürdig und verlässlich. Die Mitschüler schätzten das und so war sie anerkannt und von manch einem bewundert. Die Nachmittagsstunden galten zunächst den Schularbeiten, für deren Verrichtung sie sich Zeit ließ. Meist lag sie danach auf ihrem Bett und las in Büchern, von denen sie gehört hatte oder die ihr empfohlen wurden. Dabei war sie nicht von Ungeduld getrieben, schnell wieder draußen zu sein und sich am von allen Pflichten befreiten Leben der Anderen zu beteiligen. Sie las, vertieft in Neuland, in Bereiche, die ihr noch unvertraut und fremd waren. Sie las Bücher, die ihr geschichtliche Zusammenhänge näher brachten, über Religionsgeschichte, über politische Ansichten und Stellungnahmen. Das war verständlich, denn immerhin war sie ein Kind der Zeit, einer Zeit, in der sie selbst zur Leidtragenden einer eigenwilligen und verletzenden Politik wurde. Der

Abend gehörte der Familie und dem gemeinsamen Abendessen. Man erzählte, tauschte sich aus und man hörte zu. Der gemeinsame Abend in der Familie war wie die Einlösung eines Versprechens in der Selbstverständlichkeit der Zuwendung, der Teilhabe und des Mitfühlens. Nur wenig sprach man über die schwere Zeit der Flucht: Über ein Jahr waren sie unterwegs, notdürftig in Lagern untergebracht, mitunter schutzlos den wechselnden Wettereinflüssen ausgesetzt mit dem täglichen, ermüdenden Kampf um das Lebensnotwendige. Selten sprachen sie darüber, vielmehr widmeten sie sich den täglichen Herausforderungen; jeder war offen für die Probleme des Anderen, die stets für eine Aufgabe und Herausforderung aller empfunden wurden.

Am nächsten Morgen dann geht jeder seiner Wege, gestärkt in dem Wissen um das Gemeinsame. Mana fühlt sich in der Schule wohl, sie weiß sich angenommen und respektiert. Mühelos erreicht sie das Klassenziel. So vergeht die Zeit und die Zeit lässt sie reifen. Zusammen mit einigen Mitschülern bildet sie einen Arbeitskreis zur Unterstützung minder begabter Schüler; sie organisieren Nachhilfestunden und Trainingskurse für Kinder, die sich schwer taten, den Ansprüchen der Schule zu folgen. Irgendwann saß diese Gruppe beisammen mit dem Ziel, die Abläufe zu verbessern, die Organisation zu straffen, um effektiver zu sein bei ihren Bemühungen und es kam ihnen die Idee, auch Lehrer in ihre Agenda mit einzubeziehen.

Mit diesem Anliegen traten sie vor die Schulleitung. Verwundert und erfreut stellten sie fest, dass dieser Vorschlag mit Wohlwollen aufgenommen wurde. Doch dies war nicht alles; aus der einen Idee erwuchs eine Neue. Der belebende Geist suchte nach weiteren Möglichkeiten: Mana schlug vor, mit einer Schülerzeitung den monotonen Schulalltag zu beleben und mit ihr die Voraussetzung zu schaffen, sich kritisch mit Meinungen und bevorstehenden Veränderungen auseinander zu setzen. Die Zeitung sollte unter dem Leitthema „Die andere Sicht" herausgegeben werden und sie, Mana, sei bereit, die jeweiligen Beiträge zu rezensieren. Sie zählte auf, aus welchen Bereichen sie sich Beiträge vorstellen könne. Zunächst seien es allgemeine schulische Belange, organisatorische wie auch inhaltliche. Als Beispiel nannte sie: „Der Weg in die Digitalisierung" – „Wir Schüler", sagte sie, „wissen doch oft besser mit den neuen Techniken umzugehen als die Lehrer, seien wir doch Vorreiter!" Aber auch ganz allgemeine gesellschaftliche und politische Themen sollten aufgegriffen und behandelt werden. „Ich denke etwa an das Thema der Toleranz zwischen den Religionen, das Thema der Immigration, der politischen Bildung im Zeitalter der „Social Media". Nicht alle in der zusammensitzenden Gruppe waren begeistert, denn jeder von ihnen wusste, dass ein solches Vorhaben mit beträchtlicher Arbeit verbunden sein würde. Mana aber schaffte es, bei der Mehrzahl von ihnen, den Mut und die Bereitschaft für dieses Vorhaben zu wecken. Abschließend sagte sie: „Wir leben jetzt; doch mit dem Jetzt schaffen wir die Voraussetzungen für das Leben morgen. Bleiben wir passiv, dann wird das Morgen über uns hinwegziehen; wir werden dann keine Akteure mehr sein können." Nicht nur, dass einige ihrer Mitstreiter zufrieden waren; sie hatte neue Freunde gewonnen. Mana aber wurde zu einem belebenden Element für die ganze Schule.

Adil hat mit großer Mühe die Anerkennung seines Abiturs in Syrien erreicht und hat mit dem Jurastudium begonnen. Der Vater wird unterdessen zum Studienrat eines renommierten Gymnasiums ernannt; er unterrichtet in den Fächern Geschichte und Latein. Der jüngere Bruder Deen ist in der Grundschule angekommen; er ist guter Dinge und ist überaus lernwillig. Die Familie weiß, mit ihm umzugehen; in den allabendlichen Gesprächen hat er uneingeschränktes „Stimmrecht"; er wird gehört, geschätzt und geliebt.

Mana ist mitten in den Abiturvorbereitungen, als sie in den Vormittagsstunden von der Mutter angerufen wird. Adil läge verletzt im Krankenhaus. Von drei Jugendlichen sei er tätlich angegriffen worden, habe einige Verletzungen davongetragen; Näheres wisse sie derzeit nicht. Mana reagierte schnell; umgehend wurde sie bei der Schulleitung vorstellig, schilderte den Sachverhalt und bat für einen Tag um eine Befreiung vom Unterricht. Am nächsten Morgen nahm sie den ersten Zug und war eine Stunde später in der Stadt, in der Adil mit dem Studium begonnen hat, fragte dort nach der Klinik und endlich, noch etwas außer Atem, stand sie vor ihm: Der Arm in einer abstehenden Gipsschale gehalten, ein breiter Verband um den Kopf, im Gesicht noch die Spuren von Gewalt. Mit ruhiger Stimme erzählte Adil vom Hergang der für ihn völlig unvorhersehbaren Ereignisse. Schon länger hatte er die drei Jugendlichen beobachtet, die, den Bürgersteig völlig in Beschlag nehmend, vor ihm gingen. Auf die freundliche Frage, ob er vorbeigehen dürfe, erhielt er einen heftigen Stoß „was willst Du denn, Du Stück Scheiße?" Während er das Gleichgewicht verlor, wurde er nochmals gestoßen; während er dann auf der Straße lag, hat man ihm noch zweimal gegen den Kopf getreten. „Das hast Du davon, Du Arsch!" Dann rannten sie davon. Zeugen hätte es wohl nicht gegeben. Erst etwas später half ihm ein älterer Herr und rief die Polizei, doch es dauerte, bis sie eintraf. Sie brachte mich dann hier her. Er erzählte dies ganz ruhig und ohne Anklage.

„Hast Du Schmerzen?" fragte Mana, „nur ein wenig" antwortete er. „Was soll ich Dir sagen, lieber Adil, ich habe es kommen sehen, dass irgendwann so etwas passieren würde. Wir werden wohl immer Fremde bleiben, meinst Du nicht auch? Aber es ist nicht das Land, in dem wir Fremde sind, es ist die Gesinnung! Es ist ein wunderbares, freies Land, doch der Freiheit fehlt ihre Grundbedingung, es fehlt die Orientierung. Ein christliches

Land, doch es fehlt an Überzeugung! Dieser Orientierungslosigkeit müssen wir mit Überzeugung entgegentreten, so, wie wir es von unseren Eltern gelernt haben!" Adil schwieg, sagte dann aber: „Du hast Recht". „Gott sei Dank, hast Du alles so gut überstanden!" sagte sie abschließend. Mana blieb noch den ganzen Tag bei ihm, verabschiedete sich am späten Nachmittag und fuhr mit dem Zug zurück. Am Abend, im Kreis der Familie, erstattete sie Bericht; alle waren erleichtert; die Eltern planten einen Besuch für das kommende Wochenende.

Für Mana verlief der folgende Tag wie jeder andere auch. Am Abend zog sie sich in ihr Zimmer zurück und las in den Aphorismen, die sie in den letzten Jahren zusammengetragen hatte. „Die Welt verbessern – nicht mit dem Zeigefinger, sondern mit der ausgestreckten Hand!" „Nicht verurteilen, sondern überprüfe dein Urteil". Schließlich ein Wort, das sie seit ihrer Kindheit verinnerlicht hat: „Ich lebe und ihr sollt auch leben!" Über dieses Wort dachte sie lange nach. Sie las weiter: „Das Leben liegt nicht vor dir, nicht hinter dir, sondern es ist in dir." Mit diesen Gedanken schlief sie ein.

Die Zeit des Abiturs verging ebenso schnell, wie sie gekommen war. Mit Auszeichnung hat sie bestanden. Adil war schon längst aus der Klinik entlassen worden; seine Oberarm- und seine Kopfverletzung waren folgenlos abgeheilt. Und nun wurde gefeiert. In der Schule haben die Abiturienten ein festliches Zusammensein organisiert mit

Reden und mancherlei Darbietungen. Am heutigen Abend stand nun die Feier im Familienkreis an. Es wurden Gäste eingeladen, darunter zwei Lehrer, der Religions- und der Deutschlehrer und neben vielen Freunden und Bekannten der Familie, ein Imam, der schon in Aleppo ein Freund der Familie war und ein Rabbiner, den die Familie erst hier in Deutschland kennengelernt hat. Eine Catering-Firma hatte Getränke und ein Büfett geschmackvoll vorbereitet. Langsam trudelten die Gäste ein. Mana war verantwortlich für den Empfang; sie begrüßte und stellte die Gäste gegenseitig vor. Das Haus füllte sich. Die Gäste standen in dichten Gruppen beieinander bei freundlichen und wohlwollenden Gesprächen, das Begrüßungsgetränk in der Hand. Der Vater bat um das Wort, die Gespräche verebbten. „Es ist ein großes Glück", begann der Vater, „so viele Gäste als Freunde des Hauses begrüßen zu dürfen. Der Grund unseres Zusammenseins ist der erfolgreiche Abschluss des Gymnasiums von Mana. Das Abitur mag das schwerste Examen sein, gewiss aber ist es nicht die schwerste Prüfung in unserem Leben. So möge diese Feier beispielhaft sein für unser aller Leben, gewissermaßen der Grundstein für eine friedfertige Gemeinschaft in Respekt und in gegenseitiger Wertschätzung in einer Welt, in der wir uns alle zu bewähren haben. Mana wird nun ihr Medizinstudium beginnen. Ich bin mir sicher, dass die Medizin eine gute Entscheidung von ihr ist. Wenn ich Sie nun alle vor mir sehe, weiß ich sie in guter

Begleitung. Ich freue mich über Ihr Kommen und wünsche uns allen einen vergnüglichen Abend." Nach dieser Rede wurde Mana ein gesuchter Gesprächspartner, jeder wollte gratulieren und ihr gute Wünsche mit auf den Weg geben. So war sie ab diesem Zeitpunkt eingebunden in zahlreiche, oft lange Gespräche, die, über die Glückwünsche hinaus, mit manch gut gemeinten Ratschlägen und Empfehlungen aufwarteten. Mana hörte zu. Zuhören aber ist anstrengend, dachte sie und sie merkte, wie das viele Gut-Gemeinte der meist einseitigen Gespräche einen gefühlsbetonten Bodensatz bildete, von dem man sich nicht so leicht lösen konnte. Jeder sagte doch irgendwie das Gleiche und jeder meinte es doch gut. Sie versuchte, sich auf den einzig wichtigen Gedanken zu konzentrieren, dass sie jetzt endlich mit dem Medizinstudium beginnen könne. Immer wieder wurde ihr ein Glas mit Weißwein angeboten und auch das aus mitfühlender Freude. Sie trank und war glücklich. Der Deutschlehrer kam zu ihr: „Ich bin sehr glücklich, Deine Eltern kennenzulernen, eine wunderbare Familie! Wenn man einen Menschen schätzen gelernt hat, ist man neugierig, mehr über seine Herkunft zu erfahren; Du wirst das sicher verstehen. Es ist ja nun auch für uns ein Abschied, ein nicht ganz leichter Abschied, muss ich gestehen, denn auch Du, Mana, hast mit Deiner Begeisterungsfähigkeit der Schule, den Mitschülern und auch uns Lehrern sehr viel gegeben. Du warst ein Fackelträger – für Viele von uns und darüber, liebe Mana, habe ich sehr viel nachgedacht. Zunächst ist ein Fackelträger ein vom Leben Beschenkter; wenn ich nun Deine Familie sehe, weiß ich, wie richtig dieser Gedanke ist. Aber er ist mehr als das; die Fülle des Lebens, die in ihm ist, weiß er weiterzugeben. Mit der Sicherheit und Gewissheit mit der er das Licht trägt, weiß er andere zu führen. Er kennt den Weg und seine Überzeugung verschafft ihm Glaubwürdigkeit. Aber Schluss damit, die Zeit des Lehrers ist vorbei! Mana, sei behütet! Wir hatten eine gute Zeit!"

Mit großer Herzlichkeit trat der Imam an Mana heran, ein älterer, gütiger Herr. „Ich bin glücklich, hier zu sein, gleichsam an der Quelle dessen, was Dich, liebe Mana, in so besonderer Weise auszeichnet. Ein Haus, eine Familie und Kinder großer Friedfertigkeit und Innerlichkeit. Mögen Deine Hände nicht nur heilen, mögen sie segnen! Ich wünsche Dir von Herzen alles Gute, Gott sei mit Dir!" Langsam verflüchtigte sich der Bodensatz leichter Zusagen und gutmeinender Empfehlungen hin zu ernstmeinender und verlässlicher Teilhabe. Es kamen noch manch andere, die zum Ausdruck brachten, wie schmerzlich sie Mana vermissen würden und wie stolz sie seien, auf so einen Menschen wie sie bauen und mit ihm die Zukunft gestalten zu können. Es wurde ein langer Abend; sie suchte schließlich einen Platz abseits der Menschen, die immer noch vergnügt plaudernd beisammenstanden. Ihre Mutter setzte sich zu ihr;

wortlos und zufrieden saßen sie beieinander, sie teilten ihre Gefühle des Glücks und der Zufriedenheit über den gelungenen Abend, die wunderbaren Gäste; sie fühlten beide die Freude über den familiären Zusammenhalt und den Dank angesichts der langen, oft beschwerlichen Wegstrecke, die hinter ihnen lag. Die Mutter drückte die Hand ihrer Tochter: „Du wirst es gut schaffen", sagte sie leise zu ihr.

Die ersten Tage an der Universität erfüllten sie mit Stolz und Neugierde. Zweifellos waren die vergangenen Wochen und vor allem das viele Neue, das auf sie einstürmte anstrengend für sie und so empfand sie es auch. Die seit einigen Tagen auftretenden Kopfschmerzen bezog sie wohl zu Recht darauf; sie beunruhigten sie nicht. Früher als gewohnt ging sie abends zu Bett, um Ruhe zu finden, in Gedanken das Erlebte zu ordnen und sich auf den nächsten Tag einzustellen. Sie fühlte sich gesund und es ging ihr auch gut, doch die Kopfschmerzen wollten nicht aufhören. Eine Zeit lang gelang es ihr, sie einfach zu ignorieren und sich mit ganzer Aufmerksamkeit auf die Tagesereignisse zu konzentrieren, doch das Verdrängte forderte mehr und mehr den Zugang zu ihrem Bewusstsein und dieses signalisierte ihr schließlich, dass sie ärztliche Hilfe in Anspruch nehmen müsse. Sie suchte einen Neurologen auf. Auf Grund des Schmerztypus und der lokalen Ausstrahlung hegte er einen Verdacht; es müsse ein Tomogramm angefertigt werden. Und so geschah es. Der Röntgenologe hielt die Bilder nachdenklich in der Hand: „Ich sehe hier im hinteren Bereich“, er deutete auf einen unscharf begrenzten dunklen Bezirk, „eine Raumforderung, von der ich nicht sagen kann, welcher Natur sie ist und was sie schließlich bedeutet“. „Ein Tumor“? fragte Mana beunruhigt. „Ach wissen Sie, Frau…“, er blickte auf die Karteikarte, „für uns Mediziner ist jede Raumforderung ein Tumor, ohne zu wissen, ob er gutartig oder bösartig ist. Wir werden das herausfinden müssen.“ Sorgfältig begann er, Mana zu untersuchen; neurologische Auffälligkeiten konnte er nicht nachweisen. Er würde das mit seinen Kollegen besprechen, sagte er abschließend und bat Mana, in zwei Tagen wieder zu kommen.

Die Welt, durch die Mana nun ihren Heimweg antrat war plötzlich eine andere; die Sicherheit des Empfindens war ihr abhandengekommen. Die Wege, die ihr bisher so vertraut waren, erschienen ihr ohne Sinn, ohne Richtung und Ziel. Wohin sollte sie auch gehen? Nach zuhause, in ihr kleines Zimmer, in dem sich alles ordnend zusammenfügte, zog es sie nicht. Was sollte sie dort, wo alles regungslos da lag, ohne Inhalt und Bestand, nur letzte Spuren elterlicher Fürsorge, die sie jetzt, so schien es ihr, enttäuschen musste? So ging sie ziellos entlang der Gärten und Häuserfluchten mit ihren leeren, regungslosen Fassaden. Es musste ihr gelingen, ihre Gedanken zu ordnen, wieder festen Boden unter die Füße zu bekommen. Sie setzte sich an einen Tisch eines wenig beachteten Straßencafés. Am Nachbartisch saß ein junges Pärchen, zwei Studenten, die sich angeregt unterhielten. Eine kleine Zufälligkeit, die mitunter belebende Impulse zu geben vermag, bestand darin, dass ein Kaffeelöffel zu Boden fiel. Mana bückte sich und reichte ihn zum Nachbartisch. Die junge Studentin bedankte sich. „Ich habe Sie schon einmal im Institut für Biochemie gesehen; studieren Sie auch Medizin?" „Ja" antwortete Mana. „Sind Sie auch schon so aufgeregt wegen der morgigen Prüfung?" Erst jetzt wurde Mana bewusst, dass sie sich vorgenommen hatte, sich am Nachmittag noch vorzubereiten, das war ihr völlig entgangen. Die Studentin hatte sehr freundlich reagiert; Mana überlegte, ob sie etwas sagen sollte von dem, was sie so sehr belastet. Sie tat es nicht. Es waren schließlich ihre Probleme, die sie zu bewältigen hatte. „Ich hatte das fast schon vergessen", sagte sie zum Nachbartisch gewandt. „Ich werde gleich noch an die Arbeit gehen." „Diese Ruhe möchte ich haben; wir wünschen viel Erfolg", sagte die noch und wendete sich wieder ihrem Partner zu. Mana zahlte und begab sich mit schweren Schritten auf den Heimweg. Nicht, dass sie ruhiger geworden wäre, doch mit der Erinnerung an die morgige Prüfung war sie in die Pflicht genommen, sie musste sich einer konkreten Situation stellen und das lenkte ein wenig ab von der bedrohlichen Ungewissheit, in die sie geraten war. Zuhause angekommen fühlte sie nicht das, was eine Wohnung allgemein zu vermitteln pflegt, nicht das Wärmende, das Behütende, sondern das ihr Entzogene, eben genau das, was ihr in dieser Zeit der entstandenen Leere alles fehlt: Die Familie, die Freunde, vor allem der Vater, ein Gespräch mit ihm. Halbherzig, mit ständiger Selbstermahnung, sich zu konzentrieren, überflog sie das Lernpensum der bevorstehenden Prüfung bis die Müdigkeit sie übermannte und sie zu Bett ging.

Die Prüfung bestand sie problemlos. Pünktlich erschien sie am nächsten Tag beim Neurologen. Sie saß ihm gegenüber; das Tomogramm hing am Leuchtschirm; sie erkannte sofort den dunklen Fleck und sie wartete ungeduldig auf das Votum des Arztes. Er begann zögernd, jedes Wort abwägend: „In der hinteren Schädelgrube – Sie sehen das hier – ist etwas gewachsen, was dort nicht hingehört. Noch wissen wir nicht, was es ist, doch, um richtig darauf reagieren zu können, müssen wir genau das in Erfahrung bringen. Man könnte eine Probe entnehmen, um diese Frage zu klären, doch würde uns das nicht wirklich weiterhelfen. Ja, Mana, Sie müssen alle Überlegungen, die wir uns als Mediziner machen, kennen, um die Konsequenzen zu verstehen, die sich daraus ergeben. Noch ist es ja so, dass dieses Gewächs keine neurologischen Ausfälle bewirkt hat; Sie können alles bewegen, Sie können sehen, hören, fühlen. Es steht aber zu befürchten, dass ein zunehmendes Wachstum zu unliebsamen Symptomen führt. Eben das gilt es zu vermeiden. Deshalb schlagen wir vor, das Gewächs ganz zu entfernen, um einem solchen Missgeschick vorzubeugen. Auch Sie werden sich Gedanken gemacht haben und möglicherweise kommt dieser Vorschlag nicht ganz unerwartet." Der Neurologe sagte ihr nicht alles, was er zu diesem Thema eigentlich zu sagen hätte. Er sagte nicht, dass es einige Hinweise gäbe, die für Bösartigkeit sprechen würden. Der Tumor musste also entfernt werden. Er sagte sich, dass der Mensch Zeit brauche auf dem Weg zur Wahrheit; er wolle diesen Weg mit ihr schrittweise gehen. Das nahm er sich vor. Also sprach er weiter: „Ich habe inzwischen mit der Klinik Kontakt aufgenommen und das Problem eingehendst besprochen. Sie würden Sie in einer Woche, also Mittwoch nächster Woche, stationär aufnehmen und alles Weitere veranlassen. Wäre das in Ihrem Sinn?" Mana fiel es schwer, ihre Gedanken zu sammeln. Es musste wohl sein, sagte sie sich und doch war sie verwirrt: Ist das wirklich alles so, sagte sie leise vor sich hin. Abschließend sagte sie: „Ich danke Ihnen für Ihre Mühe und natürlich bin ich einverstanden; was habe ich für eine Wahl?" Sie verabschiedete sich.

Wieder ging sie durch die Straßen mit nach irgendeinem Halt suchenden Gedanken. Die Welt hatte sich verändert und es schien ihr, als gehöre sie nicht mehr zu ihr. Wie ging es nur weiter? Sie musste mit ihren Eltern sprechen; sie durfte nicht mehr allein sein mit dieser alles verändernden Situation. Als sie für sich entschieden hatte, gleich morgen nach Hause zu fahren, half ihr diese Entscheidung, ihre Gedanken zu ordnen und sich zielstrebig auf den Weg zu ihrer Wohnung zu machen. Sie packte den Koffer, aß noch eine Kleinigkeit und ging frühzeitig zu Bett. Sie las noch in ihrem Buch der gesammelten Aphorismen und viele der Gedanken nahm sie mit in die Nacht.

Zuhause angekommen, stellt sie im Vorraum den Koffer ab und geht durchs Haus. Noch sind die Eltern nicht von der Arbeit zurück, nur Deen ist in seinem Zimmer, mit Hausaufgaben beschäftigt. Sie geht zu ihm, streichelt liebevoll über seinen Kopf, ermuntert ihn, weiter zu machen „wir sprechen uns später;" sagt sie und geht hinauf in das Zimmer, das noch unverändert ihr Zimmer ist. Sie legt sich auf ihr Bett. Sie war nun dort, wo sie erst vor kurzem aufgebrochen war, um mit dem Medizinstudium ihrem Leben einen beruflichen Inhalt zu geben. Jetzt aber war alles anders, alles in Frage gestellt. Sie war froh, noch allein zu sein, noch nicht reden zu müssen. Was nur bedeutet dieser Befund für ihr weiteres Leben? In einer Woche schon soll die Operation stattfinden. Ihre Haare würden rasiert, ihr Gehirn freigelegt und der Tumor entfernt werden. Was aber, wenn er bösartig ist? Was, wenn sich durch den Eingriff Veränderungen ergeben sollten, die ihr Leben beeinträchtigen würden? Was überhaupt, wenn diese Erkrankung das Ende ihres Lebens bedeuten sollte? So viele Gedanken, die nach einer Erklärung, nach einem Halt suchten. Wie würde es ihr Vater aufnehmen; auch er hat ja keine verlässlichen Antworten auf diese Fragen. Gibt es denn überhaupt etwas Verlässliches in ihrer Situation? Gerade hier in ihrem Bett hatte sie in den Stunden des Abends und der Nacht so viel über das Leben nachgedacht. Doch, was früher nur gedacht und scheinbar weit entfernt war, nun ist es konkret; was bleibt von diesen Gedanken, die sich so leicht und tröstlich anfühlten, die wie leichte Flügelschläge den herben Stürmen standhielten. Sie dachte an Schiller: „Leicht beieinander liegen die Gedanken, doch hart im Raume stoßen sich die Dinge." Es war nicht einfach, die hin und her fliegenden Gedanken zu sortieren; nur eine Frage ließ sie nicht los: Was ist, wenn ihr Leben jetzt zu Ende sein sollte? Trotz der Einsicht, dass sich diese Frage erst nach der Operation konkret stellen würde, war es diese Frage, die sie unablässig in ihrem Inneren bewegte.

Es klopfte an ihrer Tür; sie muss wohl eingeschlafen sein. Es war die Mutter, die nach klärenden Blicken ins Zimmer trat: „Mana, wie schön, bist Du schon lange hier?" „Nein, nein, ich war nur müde und offensichtlich bin ich eingeschlafen." „Wenn Du willst, dann mache ich uns einen Kaffee!" „Ja, gern!" Mana sprang hoch „ich komme gleich runter", sie ging ins Bad, machte sich frisch und ging mit leichten Schritten die Treppe hinunter. Beide Eltern saßen schon draußen im Garten, der Kaffee stand schon bereit und Mana setzte sich, nach herzlicher Begrüßung, zu ihnen. So saß man wieder, wie gewohnt in großer Unbeschwertheit beieinander. Diese Art des Zusammenseins machte es Mana leichter, von dem zu sprechen, was ihr so brennend auf dem Herzen lag. „Ich habe Euch etwas mitzuteilen, was Euch beunruhigen wird." Sie zögerte ein wenig und fuhr fort: „Erschreckt bitte nicht, aber ich habe einen Tumor im Kopf, von dem ich nicht weiß, wie er einzuschätzen ist." Vater und Mutter schreckten auf: „Mana, was sagst Du da?!" Fassungslos fiel die Mutter in ihrem Stuhl zurück. Der Vater, regungslos, blickte besorgt zu Mana und lange sagte er nichts. Dann aber, als ob sich plötzlich eine Wortsperre gelöst hätte: „Wie lange weißt Du das schon? Was hast Du denn für Beschwerden? Wie geht es jetzt weiter? Mana, liebe Mana, erzähle uns, was ist denn los?" Mana begann der Reihe nach zu berichten. Mit zunehmenden Informationen kehrte eine gewisse Sachlichkeit zurück; mit gefasster Ungeduld hörten die Eltern zu. Nun wussten es also auch die Eltern; es wurde ihr leichter ums Herz. Die vielen Fragen ließen sich jetzt wohl leichter beantworten, jetzt, wo die Eltern ihr das Gefühl geben, mit dieser Situation nicht allein fertig werden zu müssen. Sie spürt in sich einen unzerstörbaren Zusammenhalt, eine große, verlässliche Kraft. „Ich muss mir noch so Vieles durch den Kopf gehen lassen", sagt der Vater, „zum einen werden wir das Ergebnis der Operation abwarten müssen, zum anderen, liebe Mana, können wir uns vorstellen, wie groß die Last ist, die Du zu tragen hast und mit der Du fertig werden musst.

Ich hole einen Liegestuhl, dann kannst Du Dich hier im Garten noch ein wenig ausruh'n". So ist sie wieder allein mit ihren Gedanken. Sie blickt in den Himmel und beobachtet das Spiel der Wolken und in der Tat, es war ein Spiel der Wolken mit der Zeit: Im Hintergrund das beständige Blau; davor das flüchtige Treiben der sich mächtig aufbäumenden Wolken mit der Gestaltung wechselnder Bilder, zusammenfließend und sich auflösend in der Flüchtigkeit ihrer Erscheinung. Für Mana war es mehr als nur ein Spiel; es war eine Metapher des Lebens in der Zeit. Eben noch ein Gesicht mit klaren Konturen und, wenig später, das Auslöschen, als wäre es nicht gewesen. Immer aber das Blau, das Bleibende, das sich jeder Flüchtigkeit geduldig Annehmende. Gibt es etwas dem Leben Vergleichbareres mit dem konkret Werden der Gestalt und ihrem friedvollen Auslöschen und schließlich mit dem Übereinstimmen in das Beständige? Ist das nicht auch ein Bild ihres Lebens? Und was bedeutet die Zeit, angesichts dessen, was uns Menschen scheinbar bleibend umgibt?

Diese Gedanken ließen sie ruhig werden, als wäre sie ein Teil dieses Wechselspiels von Entstehen und Vergehen, aufgehoben in der Gewissheit des Bleibenden. In dem tröstlichen Auf und Ab, von Traum und Bild schlief sie ein. Als sie aufwachte, sah sie sich um im Garten. Sie war allein; die Sonne stand schon tief und in dem leichten, noch wärmenden Wind fühlte sie eine wohlige Zufriedenheit. Die Augen hatte sie noch geschlossen und so hatte sie

Zeit über das Gespräch mit den Eltern nachzudenken. Sie fühlte sich erleichtert; sonderbar, dachte sie, allein durch die Mitteilung, allein dadurch, dass ich mit ihnen über mein Problem sprechen konnte, war es, als wäre eine Last von mir genommen. Das dachte sie und ihr wurde die Bedeutung des Wortes „Teilen" bewusst. Ist das nicht auch eine wichtige Erkenntnis im Zusammenhang mit meinem zukünftigen Beruf? So deutlich wurde ihr dies doch noch nie! Aber noch etwas anderes stellte sie mit Zufriedenheit fest: So sehr die Eltern berührt waren von dem Inhalt ihres Berichtes, blieben sie doch ruhig und besonnen; mit irgendwelchen Ratschlägen oder gut meinenden Erklärungen hielten sie sich völlig zurück. Trotz der Anteilnahme fühlte sie den Respekt vor ihrer Person aber auch vor dem Problem, mit dem sie allein fertig werden musste. Es wurde nicht überlagert von Überlegungen, von Ansichten und Einschätzungen, die das Ziel verfolgten, von außen auf sie einzuwirken. Fast ist es so, als würde sie bei diesem Gedanken ein gewisses Glück verspüren. So lag sie noch eine längere Zeit, eingehüllt in sich immer weiter von ihr entfernenden Gedanken.

Irgendwann merkte sie, dass jemand neben ihr stand. Es war die Mutter: „Würdest Du mit uns zu Abend essen"? fragte sie. „Ist es schon so spät? Natürlich, gern!" Mana sprang auf, eilte ins Bad, machte sich frisch und ging, in sich ruhend, die Treppe hinunter ins Esszimmer. „Ach Mama", sagte sie, „Du hast ja alles so schön gemacht!" „So, wie immer!" erwiderte die Mutter. „Deen hat mir dabei geholfen!" Sie saßen am Tisch, nur Adil fehlte, er würde erst morgen nachhause kommen, erklärte der Vater. Die weiteren Gespräche verliefen ruhig und voller Anteilnahme. Auch die Berichte von Deen über seine Erlebnisse in der Schule verfolgte die Familie mit gebührender Aufmerksamkeit. Der Vater berichtete von einigen Vorkommnissen in seinem Gymnasium, die Mutter wusste hingegen von einigen Krankheitsverläufen zu berichten, die nach einem intensiven medizinischen Einsatz schließlich zu einem guten Ende fanden. In ruhiger Atmosphäre verliefen die Gespräche und Mana stellte wohltuend fest, dass ihr Problem mit keinem Wort erwähnt wurde. Es war, wie gewohnt, ein beglückendes, die Kräfte stärkendes familiäres Zusammensein.

Am nächsten Tag traf Adil ein, der ältere Bruder, der ihr sehr ans Herz gewachsen war, mit dem sie schon immer einen sehr engen Kontakt pflegte. Wieder, beim Abendessen beisammen sitzend erzählte er von seinen Erfahrungen an der Universität, von Studenten, die er näher kennengelernt hat, mit denen er in der Freizeit oft zusammen war und die sich gegenseitig immer wieder unterstützten. Aber auch über manche Eigenarten der Dozenten wusste er einiges zu berichten. Besonders beliebt seien die Vorlesungen über das Zivilrecht; der ins Alter gekommene Professor wusste anhand kluger und anschaulicher Beispiele alltägliche Situationen zu präzisieren und inhaltlich verständlich zu machen. Dabei fehlte es ihm nicht an Witz und einer gewissen Lebensabgeklärtheit. Seine Vorlesungen seien äußerst beliebt. So berichtete Adil und Mana hörte begeistert zu. Die im Raum stehende Lebendigkeit universitärer Unmittelbarkeit animierte sie ebenfalls von ihren ersten Erfahrungen an der Universität zu erzählen. Sie sprach über zurückliegende Prüfung im Fach Chemie; im Gegensatz zu manchen Studenten, die sich über die Schwere der Prüfung beklagt hatten, ging ihr die Beantwortung der Fragen leicht von der Hand. Sie konnte sich allerdings mit „Multiple Choice"-Prüfungen nicht anfreunden, gaben sie ihr doch keine Gelegenheit, persönliche Anmerkungen zu machen. Das Prinzip *multiple choice* bedeute doch, dass fragmentarisches Wissen das Leben devitalisiere, während die Medizin doch dem Leben verpflichtet sei. Adil stimmte zu, der individuelle Charakter einer Prüfung würde völlig verloren gehen, meinte er. Außerdem stünde das Wissen so sehr im Vordergrund; der eigentliche Bildungsauftrag einer Universität käme dabei zu kurz.

Auch am nächsten Tag saßen die beiden beieinander und tauschten sich aus. Mana genoss es, sich mit dem älteren Bruder besprechen zu können. Sie war ihm sehr nahe. Am Nachmittag kam der Vater zu ihr: „Kann ich Dich kurz sprechen?" Er nahm sie behutsam beiseite. „Morgen früh wirst Du uns wieder verlassen, liebe Mana, über den vor Dir liegenden schweren Weg haben wir bisher nicht gesprochen. Die Familie hat noch keine Kenntnisse von dem, was Dir bevorsteht. Ich meine aber, dass es wichtig ist, zu wissen, dass die ganze Familie hinter Dir steht, dass Du nicht allein bist! Dieses Wissen nimmt nicht die Schwere, doch es macht Dich stärker! Es geht nicht darum, Ratschläge zu erhalten, sondern ein Zeichen des Zusammenhalts zu geben." So saßen sie wieder beim Abendessen beieinander. Mana war nicht mehr so gesprächig wie gestern, als sie ihren Bruder nach längerer Zeit wieder sah. Ihre Gedanken zogen sie nach vorn ins Ungewisse und dadurch, dass ihr Vater eben über dieses Ungewisse gleich etwas sagen würde, überkam sie ein Gefühl des Unwiderruflichen. Also schwieg sie.

Der Vater begann: „Die wenigen Tage waren eine kurze, wunderbare Zeit des familiären Zusammenseins. Es macht uns Eltern glücklich, zu sehen, wie sich jeder von Euch seinen Aufgaben stellt, wie er sie meistert, um schließlich die Erfahrungen hier im Kreis der Familie zu einer gegenseitigen Bereicherung werden zu lassen. Eines aber müsst ihr wissen: Wir haben darüber bisher nicht gesprochen. Mana hat eine schwere Zeit vor sich; sie muss operiert werden. Ein Tumor hat sich im Kopf gebildet, von dem wir nicht wissen, wie gefährlich er ist. Er muss entfernt werden. Wir haben keinen Grund, Mutmaßungen anzustellen; wir Eltern werden morgen mit Mana abreisen, um während des Klinikaufenthaltes bei ihr zu sein." Die Beunruhigung bei den Geschwistern war trotz des betroffenen Schweigens spürbar. Für kurze Zeit fühlte sich Mana nicht dazugehörig, denn immerhin war sie diejenige, über die gesprochen wurde. Doch der Vater nahm sie in den Arm und sie spürte einen Halt, der sie ruhig werden ließ.

Als sie später dann zu Bett ging, begleiteten sie die Gedanken an das Ungewisse der bevorstehenden Tage. Es ist ja nicht so, dass irgendetwas fern ab von ihr geschehen würde, es würde ja etwas mit ihr und an ihr, etwas mit ihrem Leben geschehen, etwas, was eingreift in ihr existenzielles Bewusstsein. Sie machte sich klar, dass, unabhängig vom Ergebnis, ihr Leben hinterher anders sein würde als jetzt. Wie würde es sein, wenn sie irgendwann später wieder hier im Kreise der Familie sein würde. Am wenigsten dachte sie an die Operation, und doch, mit welchen Folgen würde sie zu rechnen haben? So folgte ein Gedanke dem anderen. Wie nur sollte sie schlafen können bei so viel Ungewissheit?

Am Studienort von Mana angekommen, nahm Mana zunächst einen ihr vorgegebenen Termin in der Klinik zum Gespräch mit dem Anästhesisten wahr. Es sollten die Einzelheiten der am Folgetag stattfindenden Operation besprochen werden. Bewusst haben sie die Eltern nicht begleitet; sie haben sich in ihrem Hotel eingerichtet. Es war ein junger Anästhesist, der einfühlend und mit wohltuender Gelassenheit den Operationsablauf erklärte, sie auf einige Besonderheiten aufmerksam machte und es nicht unterließ, ihr immer wieder Mut zuzusprechen. Sie hatte ein gutes Gefühl. „Sie können sich heute Abend durchaus noch mit Ihren Eltern zum Essen treffen; morgen früh aber bitte ich Sie, sich gegen 9.00 Uhr nüchtern hier in der Klinik einzufinden. Ich werde da sein." Diese letzte Bemerkung verschaffte ihr ein beruhigendes Gefühl, an die Hand genommen zu sein. Mit den Eltern traf sie sich später in einem verabredeten Lokal.

Mana konnte es vermuten, doch wusste sie nicht, in welch großer Sorge und wie beunruhigt die Eltern waren, wie sehr sie versuchten, jede Besorgtheit von ihr fern zu halten. Verständlicherweise aber waren sie unruhig und in großer Sorge. Was Mana nicht wusste, war das völlig überraschende Eintreffen des Imam am Abend zuvor. Mana war schon früh zu Bett gegangen, so dass sie die Ankunft des Imam nicht mitbekommen hatte. Die Eltern waren sehr glücklich über die Möglichkeit, mit ihrem schon so lange vertrauten Freund über ihre Sorgen und Nöte sprechen zu können. Als einen ausgewiesenen Mann Gottes haben sie ihn damals in Aleppo kennengelernt. Für sie hatte es keine Bedeutung, dass sie als Christen einer anderen Glaubensgemeinschaft angehören; er war für sie ein Berufener, einer, der es verstand, gegen jedes menschliche Bedürfnis, Grenzen zu ziehen, Gottes Licht kraftvoll in den Raum zu stellen. Nun war er also da und sie konnten reden. Schon so viele Gespräche über Glaubensfragen hatten sie geführt und sie kannten seine schon so oft dargelegten und vertretenen Grundsätze in Glaubens-Angelegenheiten und so wussten sie, dass es in dieser Situation gut war, mit ihm zu reden. War es Gottes Wille und wie könnte Gott helfen? „Sie erhoffen sich Gottes Hilfe; aber wie könnte diese Ihrer Meinung nach aussehen?" fragte der Imam. Ratlos und fragend blickten die Eltern zum ihm.

„Es ist schwer zu verstehen; vielleicht entzieht sich ein solches Schicksal überhaupt unserer Verstehbarkeit", sagte der Imam nachdenklich und mit großer Ruhe. „Schicksale sind Teil unseres Lebens; im Grunde sind es doch unsere zeitlichen Vorstellungen, also der Tatbestand unserer Vergänglichkeit, die uns solche Einschnitte in unser Dasein als Schicksalsschlag verstehen lassen. Plötzlich entsteht Krankheit in einem so jungen Leben und wir fürchten, dass es zu Ende sein könnte. Versuchen wir doch einmal, die Zeit aus unseren Vorstellungen zu streichen, die Zeit mit ihrer Vergänglichkeit hinter uns zu lassen, dann gibt es kein „kurz" oder „lang" mehr; das Leben realisiert sich dann in einer zeitlosen Dimension als Ausdruck eines großartigen Schöpfungs-Willens, einer von Gott gewollten Lebenswirklichkeit. Pflegt der Mensch, gefangen in seiner Zeitlichkeit, nicht immer in solchen Situationen zu sagen: „Bitte jetzt noch nicht!". Verständlich, ja, aber entfernt sich der Mensch nicht damit von der eigentlichen göttlichen Schöpfungsidee, die sich eben nicht auf das Vergängliche gründet?!" Aufmerksam folgten die Eltern den Worten des Imam und sie spürten genau, wie ihre Gedanken durch die Hinwendung zum Wesenhaften frei wurden von Bitterkeit und wie sie nach und nach in ruhigere Bahnen gelenkt wurden.

Der Imam fuhr fort, in dem Bedürfnis, die Bedeutung des Zeitlichen noch verständlicher zu machen: „Stellen Sie sich vor, ein Mensch, gleich welchen Alters, erfährt vom Arzt, dass er – sagen wir – noch etwa einen Monat zu leben habe; ein Schicksalsschlag für ihn und für alle, die ihm nahe stehen. Wie verhält sich dieser Mensch und welche Gedanken bewegen ihn? Herausgerissen aus der Selbstverständlichkeit seiner Daseinsgewohnheiten; abrupt konfrontiert mit der Endgültigkeit seines Daseins. Mit jedem Tag, der vergeht, wird ihm deutlicher, wie sehr ihm die Zeit zwischen den Fingern zerrinnt. Was ihm nicht bewusst wird, ist der Umstand, dass er trübsinnig und ängstlich, bedrückt und gelähmt ausschließlich mit seiner Vergänglichkeit beschäftigt ist, nicht aber mit dem Leben, seinem eigentlich wesenhaften Schöpfungsgut. So entzieht er sich mit dem Restbestand seines Daseins dem Leben, dem eigentlichen, göttlichen Willen, noch bevor sein Dasein ein Ende gefunden hat. Er verhält sich anders als die Blume, die bis zum letzten Augenblick ihre Blüte nach der Sonne ausrichtet und ihrem Auftrag gerecht wird, zu blühen, damit aus ihr Frucht werde. Wie also kann in Ihrem Fall der geliebten Tochter Mana die Hilfe Gottes aussehen?" fragte der Imam. „Ich kann Ihnen nur Lebens- und Glaubensgewissheit wünschen und Ihnen raten, sich dem Willen Gottes anzuvertrauen. In allem Schweren, muss die Kraft des Lebens erkennbar bleiben! Es geht um das Vertrauen, das wir dem Leben entgegenbringen." Noch lange klangen die Worte des Imam im Raume nach. Was blieb den Eltern anderes zu tun, als sich bei ihm zu bedanken. Ruhig und gestärkt blickten sie nach vorn. Mana würde sicher schon schlafen.

So saßen sie am nächsten Abend im besagten Restaurant; Mana hatte sich ein wenig verspätet, hatte sie doch noch zwei Kommilitonen getroffen, die ihr von den letzten Vorlesungen berichteten. Aufgeräumt und ohne spürbare Unruhe erzählte sie von dem Gespräch in der Klinik. Sie hätte sich gut mit dem Anästhesisten verstanden und morgen würde schon alles gut gehen, sagte sie. Das Gespräch mit dem Anästhesisten hat ihr offensichtlich gut getan. Woher nimmt dieses Mädel nur die Kraft und die Gelassenheit angesichts der vielen Belastungen und Ungewissheiten, die vor ihr stehen, fragte sich die Mutter. Auch der Vater blickte nachdenklich auf das scheinbar unbeschwerte Gesicht von Mana: Was für eine Blüte! Dachte er und wie viel Sonne sie ausstrahlt! Sie aßen zu Abend. Die Mutter fragte nach Einzelheiten: „Weißt Du schon, wann Du operiert wirst? Wann musst Du denn in der Klinik sein? Wird morgen Abend ein Besuch möglich sein? Können wir noch etwas für Dich tun?“ Mana antwortete ruhig und sachlich. Der Vater bezahlte. Mit einer herzlichen Umarmung verabschiedeten sich die Eltern.

Mana wusste nicht, was sie morgen erwarten würde, doch sie war sich sicher, dass alles seine Richtigkeit haben würde. Zuhause angekommen, legte sie noch die Dinge zurecht, die am nächsten Tag notwendig sein würden und früh ging sie zu Bett. Sie dachte noch an die Tage, die sie mit der Familie verbracht hatte, an die Stunden im Garten, das Spiel der Wolken mit der Zeit, die Gespräche mit den Geschwistern und das Glück, das sich mit all dem verband. Sie hatte keinen Grund, das sagte sie zu sich, beunruhigt zu sein und so schlief sie ein.

Pünktlich um 9.00 Uhr war sie am nächsten Morgen in der Klinik. Sie wurde in ein Zimmer geführt und aufgefordert, sich bettfertig zu machen. Ganz unerwartet trat der Anästhesist ins Zimmer, begrüßte sie und fragte nach ihrem Befinden. So verflogen die anfänglichen Gefühle des Befremd-lichen und Ungewissen und sie konnte ihm mit fester Stimme zusagen, dass sie vorbereitet und von ihrer Seite alles in Ordnung sei. Wenig später wurde sie in den Operationssaal gefahren. Aufmerksam verfolgte sie das Geschehen in dieser umtriebigen, ihr fremden und sterilen Umgebung bis sie ein-schlief.

Es muss spät am Nachmittag gewesen sein, als sie aufwachte. Sie hörte ein regelmäßiges Tönen und

Ticken über ihrem Kopf, wobei sie die Regelmäßigkeit und Beständigkeit der verschiedenen Töne eher beruhigten. Ein Pfleger stand neben ihrem Bett und hantierte an den Gerätschaften; kaum, dass sie seine zuwendenden Worte verstand. Anfangs fiel es ihr nicht leicht, sich zurecht zu finden, doch der den ganzen Kopf einhüllende Verband zeigte ihr: Nun also war sie operiert und jetzt, in der wiedererlangten Besinnung, fing sie an, anfangs die Hände und dann die Beine zu bewegen: „Es geht!" sagte sie sich; ich kann sehen, sprechen und fühlen: Es geht! Diese Gedanken ließen sie ruhig werden. Etwas später kam der Anästhesist, nahm ihre Hand: „Es ist alles gut gegangen. Haben Sie Schmerzen?" „Kann es sein, dass Sie eine Schere im Kopf vergessen haben? Im Moment aber ist es erträglich", sagte sie; daraufhin er: „Ich gebe Ihnen noch etwas". Und leise vor sich hin: „Den Humor möchte ich haben." Mit den Wünschen für eine gute Besserung und eine gute Nacht verabschiedete er sich: „Bis morgen!" sagte er noch. Diese zwei Worte prägte sich Mana ein, denn sie vermittelten die Verlässlichkeit eines zufriedenstellenden Verlaufes über die Nacht hinaus.

Am nächsten Nachmittag trafen die Eltern ein. Mana war schon zurück in ihrem Zimmer; es ging ihr gut. Den mitgebrachten bunten Wiesenstrauß stellten sie auf den nebenstehenden Tisch. „Die Blumen sollen ein wenig Freude ins Zimmer bringen", sagte der Vater." Ach", sagte Mana, „Ihr seid doch die Freude, die mich glücklich macht!" Sie redeten und erzählten und während sie so unbeschwert sprachen, war spürbar, dass sich bei den Eltern die anfängliche Anspannung mehr und mehr löste. Ja, beide waren sie erleichtert; der Vater sah auf die Blumen und dachte an das Gespräch mit dem Imam: „Im Schweren muss das Leben erkennbar bleiben." Am Abend kam der Operateur zu ihr, ein älterer Herr, grauhaarig, von kleiner Statur. „Wie ich sehe, geht es Ihnen gut, das freut mich; der große Kopfverband und die beiden Drainagen sind wohl sehr lästig, ich weiß, aber schon morgen werden wir beides entfernen können. Es ist alles gut verlaufen. Auf das Ergebnis der mikroskopischen Untersuchung werden wir einige Tage warten müssen. Ich hoffe, Sie fühlen sich in diesem Zimmer wohl; Blumen haben Sie ja schon; ich nehme am, Ihre Eltern waren bei Ihnen." Die klare, informative Sachlichkeit seiner Aussagen waren geeignet, die in ihr schwelende Ungewissheit ein wenig zu zerstreuen und dennoch nahm sie sich ein Herz und fragte: „Ich weiß, Sie können sich nicht festlegen, aber haben Sie eine Vermutung?" „Ach bitte, belasten Sie sich nicht" erwidert der Arzt „es gibt Bereiche in unserem menschlichen Leben, in denen wir immer wieder enttäuscht werden. Es sind die Bereiche unserer Wünsche und Vorstellungen. Bleiben wir stark, damit wir wissen, wie mit dem Willen des Lebens umzugehen sei." Eine solche Antwort hatte sie nicht erwartet; nach einigem Überlegen gab sie ihm Recht: Wünsche, Erwartungen und Vermutungen haben keinen Bestand; entscheidend ist, zu gegebener Zeit klar und beherzt zu antworten.

Am nächsten Tag schon, der Verband und die Drainagen waren entfernt, die Wunde mit einem Pflaster versorgt, wurde ihr erlaubt, aufzustehen. Erst im Zimmer ein langsames, noch ein wenig zögerndes Auf und Ab, am Nachmittag dann nahm sie eine Schwester an die Hand und sie gingen in den Garten. Es war wie eine Wiedergeburt, ein Neuanfang, ein Erwachen in einem neuen Bewusstsein. Diese Erfahrung wurde ihr immer deutlicher; auch dann noch, als sie in ihr Zimmer zurückgekehrt war und sie wieder im Bett lag. Sie dachte darüber nach, wie unterschiedlich das, was der Mensch sein Leben nennt, gedeutet und verstanden werden kann. Manch einer, der beobachtet hat, wie sie am Arm der Schwester behutsam durch den Garten ging, mag wohl gedacht haben: So jung und doch schon hilfsbedürftig! Gegen diese Einschätzung stand entschieden ihr Wiederauferstehungsgefühl, ihr Gefühl, wieder im Leben zu stehen, das Leben neu zu erfahren! Der Chirurg mag wohl recht haben! Was bedeuten schon Vorstellungen angesichts der Eigentlichkeit des Lebens?! Allein schon mit unserem Sehen können wir die Welt verändern, sagte sie sich.

Die Tage vergingen, fast täglich kamen die Eltern zu Besuch, auch Freunde kamen und zeigten damit ihre Anteilnahme. All dies trug dazu bei, dass sich

Mana von Tag zu Tag besser fühlte und Glück und Zufriedenheit darüber empfand, das Leben in der ganzen Fülle wieder gewonnen zu haben. Für den heutigen Dienstag waren keine Besuche geplant – wurde ihr doch in Aussicht gestellt, dass an diesem Tag Gespräche über das Untersuchungsergebnis stattfinden würden. Das Geschirr vom Frühstück war schon abgetragen, der Verband am Kopf schon gewechselt und so lag sie nachdenklich und in leichter Unruhe im Bett und wartete auf das Eintreffen des Arztes. Schwer schleppte sich die Stille durch die Zeit und keine Gedanken hielten sie auf. Gerade, als sie zum Einschlafen bereit war, klopfte es leise. Zu ihrem Erstaunen traten drei Ärzte ins Zimmer; zwei von ihnen kannte sie schon: Der Operateur, der Anästhesist, der, und das wusste sie zu schätzen, sein Versprechen wahr machte, beim eigentlichen Gespräch zugegen zu sein. Dann aber der Dritte? Mit zuvorkommender Freundlichkeit stellte er sich vor: Ich bin der Onkologe in dieser Klinik; ich freue mich, Sie kennenzulernen; man bat mich, an diesem Gespräch teilzunehmen." Der Operateur begann das Gespräch. Mana merkte, dass er nach geeigneten Formulierungen suchte. „Das Ergebnis der Untersuchung liegt nun vor; es ist etwas anders ausgefallen, als wir gehofft hatten. Es ist mit Aufgaben verbunden, denen wir uns nun stellen müssen, deshalb habe ich auch den Onkologen gebeten, mit dabei zu sein. Zur Sache. Es handelt sich um einen bösartigen Tumor, von dem wir nicht wissen, ob wir ihn ganz entfernen konnten. Das ist die Grundlage, von der wir ausgehen müssen. Wir, die wir hier sitzen, sind aufgerufen, mit Ihnen das Notwendige zu besprechen und gemeinsam mit Ihnen den erforderlichen Weg zu gehen. Es wird also eine weitere Therapie erforderlich sein, die Ihnen der Onkologe erläutern wird. Zunächst aber werden wir noch Untersuchungen durchführen müssen, um eine sachgerechte Therapie planen zu können."

Was ist das für ein Moment im Verlauf eines menschlichen Daseins, in dem der Abgrund sichtbar wird und die Möglichkeit des Fallens und die Suche nach Halt so unmittelbar ins Bewusstsein gerückt werden? Es ist wie ein Stein, der ins Wasser fällt, der mit seiner ausgelösten Unruhe nicht enden wollende Kreise auf die Oberfläche zeichnet, der unablässig die Gedanken kreisen lässt, die schließlich im Nirgendwo verebben. So war es Mana zumute. Ihre Gedanken kreisten um die Aussagen des Operateurs. „Zur Sache" hatte er gesagt und er sprach von „sachgerechter" Therapie. Geht es um eine Sache, über die geurteilt, verhandelt und entschieden werden soll? Ist es nicht ihr Leben, über das gesprochen und beratschlagt wird? Wie sollte sie das einordnen und wie sollte sie damit umgehen? Mit solchen Gedanken beschäftigt, rückte ihre Aufmerksamkeit etwas ab von den Ausführungen des Onkologen, die sie nur beiläufig verfolgte. Er sprach von einer Chemotherapie und einer möglichen Bestrahlung. Er betonte noch einmal die

Wichtigkeit weiterer Untersuchungen, die sie in den nächsten Tagen durchführen wollten. Mana nahm es hin. Während der Operateur und der Onkologe das Zimmer verließen, nicht ohne ihr alles Gute zu wünschen, blieb der Anästhesist; er setzte sich zu ihr ans Bett. „Es gibt Fragen", sagte er in mitfühlender Ruhe, „die wir nicht beantworten können. Lassen Sie es geschehen. Ich bin mir sicher, dass Sie eine Antwort finden werden." Leise und unauffällig verließ er das Zimmer, doch im Gehen sagte er noch: „Ich komme wieder!"

Im zurückgelassenen Schweigen und im bruchstückhaften Kreisen der Gedanken fand sie nach und nach zu einer Orientierung zurück, die sich aus vielen Bestandteilen in Erinnerung gerufener Aphorismusaufzeichnungen zusammensetzte. Nein, die Gedanken verebbten nicht im Nirgendwo, sie führten zu einer Lebenseinstellung zurück, die ihr im Bewusstsein der bisherigen Lebenswahrnehmung zur Gewissheit geworden ist. „Mana lebt; und sie wird weiter leben!" sagte sie vor sich hin. Bald schon schlief sie ein. Mitten im tiefen Traum klopfte es; mit zögernder Zurückhaltung öffneten die Eltern die Tür. Leise, fast flüsternd die Mutter: „Stören wir?" Mana, aus dem Schlaf gerissen, fand schnell zur Besinnung zurück: „Nein, nein. Kommt rein!" rief sie und wischte sich über die Augen. Die Eltern zogen zwei Stühle ans Bett und setzten sich, ganz in Erwartung dessen, was Mana zu berichten hatte; sie wussten ja, dass heute das Gespräch stattfinden würde. Das anfängliche Schweigen von Mana überbrückend fragte die Mutter: „Wie fühlst Du Dich, Mana?" Mana begann zu berichten. Ruhig und sachlich begann sie, ihre Situation verstehbar zu machen. „Es ist ein bösartiger Tumor, der, so wurde mir angedeutet, zum größten Teil entfernt wurde. Den Rest gälte es durch eine weitere Therapie anzugehen. Dazu allerdings wären weitere Untersuchungen nötig, die in den nächsten Tagen durchgeführt werden sollen." Die Eltern, in größter Sorge, schwiegen. So sehr sie von dieser Nachricht in Unruhe versetzt waren, so wunderten sie sich doch über die sachliche, ja abgeklärte Art ihrer Ausführung. Sie vermittelte eine überraschend befreit klingende Losgelöstheit von der im Raum stehenden, geradezu greifbaren Lebensbedrohung. Obwohl alles gesagt war, überhäuften sie die Eltern mit unzähligen Nachfragen, als könnte es gelingen, das Schwere durch vermeintliches Wissen erträglicher zu machen. Mana erinnerte sich an die Aussage des Operateurs: „Ach bitte, belasten Sie sich nicht". Gerne hätte der Vater noch mit dem Arzt gesprochen, aber dazu kam es nicht. In großer Unruhe verabschiedeten sie sich, sie herzten, drückten und umarmten Mana, als wäre es ein endgültiger Abschied. Obwohl Mana die fürsorgliche und liebenswerte Art der Eltern kannte und sie gleichwohl schätzte, fühlte sie eine gewisse Beklemmung angesichts der Heftigkeit der erdrückenden Gesten, die versuchten, in Besitz zu nehmen und festzuhalten; es ist die Angst vor einem drohenden Verlust, die spürbar im Raume stand. Das machte sie unfrei und engte sie ein, doch sie ließ es geschehen. Erleichtert war sie dann, mit ihren Gedanken wieder allein zu sein.

Die Tage vergingen und von Tag zu Tag fühlte sie sich besser, kräftiger; ein zuversichtliches, gestärktes Lebensgefühl kehrte zurück. Immer häufiger kamen Freunde zu Besuch, die ihr mehr und mehr den Eindruck vermittelten, wieder Teil ihres Alltags zu sein, indem sie von Vorlesungen, von manch auffälligem Verhalten von Professoren und von alltäglichem Klatsch unter den Studenten berichteten. Besondere Freude bereitete ihr der Besuch ihres Bruders Adil. Was war das für eine Herzlichkeit, mit der sie sich umarmend begrüßten. So Vieles gab es zu erzählen, so Vieles auszutauschen. Es war eine Unbeschwertheit in den Gesprächen in allem ein Verstehen ohne die Mühsal langer Erklärungen. Auch die Eltern kamen wieder; die Gespräche mit ihnen erschienen ihr dieses Mal gelöster, befreiter, insgesamt waren sie weniger anstrengend. Für den nächsten Tag hatte sich der Onkologe angesagt, es sollten ihr die Untersuchungsergebnisse mitgeteilt und mit ihr die weitere Therapie besprochen werden. Der Onkologe kam mit einigen Röntgenbildern unter dem Arm. Er setze sich ans Bett: „Ich freue mich, zu sehen, wie gut Sie sich erholt haben." Mit seiner ruhigen und besonnenen Art, gepaart mit sichtlicher Kompetenz, vermittelte er Vertrauen und Zuversicht. „Lassen Sie uns das, was wir festgestellt haben, einfach nur mal sachlich benennen, ohne es zu bewerten", so begann er. Aufmerksam, ohne erkennbare Ungeduld folgte sie seinen Ausführungen. „Es mag seltsam klingen, doch kennen wir die Situation im Kopf nicht genau, obwohl wir ja vor Ort waren. Wir wissen nichts über die möglichen Restbestände des Tumors. Das müssen wir also berücksichtigen. In der Lunge, er hob eines der Bilder in die Höhe, haben wir kleinste Absiedlungen gefunden, die wir bei der weiteren Therapieplanung berücksichtigen müssen. Alle weiteren Untersuchungen zeigten einen unauffälligen Befund. Das, Mana, so darf ich Sie doch nennen, ist die Sachlage. Wir haben zwei Brandherde, der Kopf und die Lunge und so muss auch die Therapie zweiteilig sein: Den Kopf werden wir bestrahlen müssen, die Absiedlungen in der Lunge dagegen mit geeigneten Medikamenten behandeln. Ich sehe gute Chancen, dem weiteren Wachstum Einhalt gebieten zu können."

Das war wieder einer der Momente, in denen der Zweifel alles in Bann zog, was dem Leben bisher Stabilität und Gewissheit gab. Was würde sein, wenn die Therapie nicht den gewünschten Erfolg hat? Was, wenn die Konsequenzen der beschriebenen Sachlage alles in Frage stellen würden? Ihre Lebenspläne, ihre beruflichen Vorhaben, die vielen Dinge, die ihr am Herzen lagen? Aber Mana ließ sich von solchen Zweifeln nicht überrumpeln, ließ sich nicht von solchen Gedanken an den Abgrund führen. Es war eine Kraft in ihr, trotz aller Hindernisse, ihren Weg zu gehen, ihrer Überzeugung zu folgen, dass nicht sie dem Leben einen Sinn geben muss, sondern dass das Leben ihr einen Sinn gibt und so war sie entschlossen ihren Weg zu gehen. Ihre Blicke richteten sich wieder auf den Onkologen. Dieser nahm ihre Hand, ob sie noch Fragen hätte, wandte er sich an sie „Sie sollen alles fragen und sagen, was Sie beunruhigt. Ich will nicht, dass Unklarheiten bleiben. Wir werden tun, was notwendig ist und, wir tun es gemeinsam!" Es wurden noch Termine vereinbart; schlussendlich aber dürfe sie morgen die Klinik verlassen. Das teilte sie noch am Abend mit Vorfreude und Erleichterung ihren Eltern mit.

Es ergab sich, dass der Imam im Rahmen seiner dienstlichen Verpflichtungen in der Universitätsstadt weilte und auch ihm lag daran, Mana wiederzusehen. Mit den Eltern wurde ein Treffen vereinbart. Jetzt, wo Mana aus der Klinik entlassen war, konnte auch sie an diesem Treffen teilnehmen. Sie trafen sich bei jenem Italiener, der ihnen schon vertraut war, der die Möglichkeit bot, etwas abseits und ungestört in einer Nische Platz zu finden. „Ich freue mich", so begann der Vater, „über das unverhoffte Zusammensein in so vertrauter Runde; natürlich ist die Freude nicht ganz ungetrübt angesichts der Krankheit von Mana und der Ungewissheit über den weiteren Fortgang." Mana blickte auf, etwas irritiert; sie war froh, dass der Imam unvermittelt das Wort ergriff: „Ich freue mich, Dich, Mana, so gesund und munter wiederzusehen und dieses Wiedersehen ist ein unbestreitbarer Grund zur Freude."

An die Eltern gerichtet sagte er: „Ich kann verstehen, dass Ihnen schwer ums Herz ist, aber sehen Sie doch, diese sonnengereifte Blume!" Er zeigte auf Mana und sogleich erinnerte sich der Vater an das Bild, welches der Imam schon einmal gebraucht hatte „Erlauben Sie mir," fuhr der Imam fort, „etwas Grundsätzliches über unser aller Situation zu sagen. Was bedeutet denn „Leben" und was bedeutet uns Gott, von dem wir so viel sprechen? Ich habe den Eindruck, dass wir alle ein Problem haben mit dem, was wir Religion nennen, d.h. was unser Verhältnis zu Gott betrifft. Schauen Sie doch, sie lebt!" Der Imam blickte mit sichtlich freudiger Erregung auf Mana, wandte sich dann aber an die Eltern: „Ihre Freude jedoch", ich sehe das, „ist getrübt, aus reiner Sorge, sie könnte sterben. Was Sie aber bedrückt, ist allein das Produkt Ihrer Vorstellungen und Ihrer rein diesseitigen Betrachtung! Ihre Vorstellungen sagen Ihnen: Ende, Schluss, Abschied! Und dazu sagen Sie noch: für immer! Und mit Ihrem Denken fallen Sie ins Bodenlose! Ach nein, sehen Sie sich doch um, überall ist Leben, überall ein Blühen und ein Vergehen, ein Sterben und überall ein Auferstehn! Und das Leben ist Gottes Wirklichkeit; wir erfahren sie in jedem Augenblick! Aber nicht immer sehen wir sie, weil wir mit unseren Vorstellungen unsere eigene begrenzte Wirklichkeit, unser eigenes Denken dagegensetzen. Unsere Vorstellungen vom Tod haben immer auch mit Gott zu tun. Mit unseren Vorstellungen versuchen wir aber Gott in Besitz zu nehmen. Das ist dann die Voraussetzung dafür, dass sich manche Menschen fanatisieren oder radikalisieren; andere wiederum romantisieren Gott und verdinglichen ihn. Wir sind Gefangene unserer eigenen Vorstellungen! Wir können Gott nicht sehen, weil wir uns sehen wollen! Würde das Sterben zu einem Abschied von uns selbst, das, in der Tat, hätte dann doch etwas Trostloses, weil wir das verlieren, was uns das Liebste geworden ist, nämlich uns selbst. Der Mensch zerbricht sich immer wieder den Kopf mit der Frage, ob Gott wohl existiert, und wenn er sich einlässt, zu sagen, er existiert, dann kommen auch dabei seine Vorstellungen ins Spiel; er verpasst ihm ein Gesicht, ein gnädiges, ein gütiges, ein strafendes, ein furchterregendes, ein bewundernswürdiges so, wie er es sich vorstellt und so, wie wir es alle mit großen menschlichen Existenzen zu tun pflegen. Aber Gott existiert nicht – in des Wortes eigentlicher Bedeutung! Denn alles, was existiert hat eine Gestalt. Gott existiert nicht, er hat keine Gestalt! Gott ist! Er lebt! Und er will, dass wir leben! In diesem Sein entzieht er sich jeder Vorstellbarkeit. Um die Vorstellungen des Menschen endgültig aufzubrechen, sagt die österreichische Schriftstellerin Ingeborg Bachmann sinngemäß: „Gott spricht, Ihr werdet bei mir sein, aber ich werde nicht da sein!" Das ist eine Aussage von Ingeborg Bachmann, hergeleitet aus ihren Vorstellungen, die sie sich von unserer Existenz nach unserem Tode macht. Ihre Vorstellungen verdichtet sie in dem Wort „nicht da", und das meint wohl „nicht da", wo wir mit unseren Vorstellungen sind. Gott, ein Geheimnis des Unvorstellbaren. Er ist anders, als wir es uns vorstellen! Wir haben eine Vorstellung vom Tod und immer wieder auch eine von Gott. Gottes Wirklichkeit aber ist in uns; sie reicht über unser Sehen, über unser Verstehen hinaus! Es gibt keinen Grund", sagte der Imam abschließend, „uns die Freude über das Leben trüben zu lassen. Glauben heißt Blühen!, damit Frucht entstehen kann." Mit einem wissenden Lächeln blickte er zu Mana, und auch sie lächelte.

Nach dieser Rede des Imam trat Stille ein. Es gibt Momente, die wortlos bleiben müssen. Nur der Imam selbst konnte diesem Schweigen ein Ende setzen und er tat es: „Vielleicht habe ich zu eilfertig das Gespräch an mich gerissen, entschuldigt bitte, es war mir aber ein Bedürfnis, meine Freude und meine Dankbarkeit darüber zum Ausdruck zu bringen, ein Freund einer so wunderbaren Familie sein zu können." Nicht nur für Mana war es ein glücklicher Abend, ein Abend mit einer ungetrübten Sicht nach vorn. Als sie später dann allein in ihrem Zimmer war und sich wohlig in ihr Bett kuschelte, sah sie wieder das Bild der Wolken, wie sie sich aufbäumten, sich zogen und dehnten und sich wieder auflösten; doch in dem Spiel des Zeitlichen sah sie das Blau des Beständigen. Es ist eine Frage, wie wir es sehen, dachte sie. Von einem glückseligen, traumlosen Schlaf wurde sie schließlich übermannt.

An den Veranstaltungen der Fakultät nahm sie wieder regen Anteil, lebensmutig, lebenshungrig. Begierig nahm sie auf, was an Wissenswertem geboten wurde. Sie traf sich mit Freunden und verbrachte viele Abende mit ihnen. Sie verstand es, ihre Lebensfreude mit Anderen zu teilen und niemand konnte ahnen, welches Schicksal sie in sich trug. Die Termine zur Fortsetzung der Therapie nahm sie gewissenhaft wahr. Wenn sie anfangs auch keine Beeinträchtigung ihrer Leistungsfähigkeit verspürte, musste sie sich doch einige Wochen später eingestehen, dass ihre Kräfte nachließen. Die Müdigkeit zwang sie immer früher zu Bett zu gehen, doch der Schlaf brachte immer weniger die erhoffte Erholung. Sie suchte das Gespräch mit dem Onkologen. Dieser schien nicht überrascht von den deutlichen Zeichen der körperlichen Beeinträchtigung, sah er doch auf den inzwischen angefertigten Kontroll-Aufnahmen der Lunge eine nicht unbeträchtliche Zunahme der Metastasierung. „Ja", stellte er sachlich fest: „Wir müssen die Therapie ändern." Diese Sachlichkeit war ihr eher eine Hilfe, als dass sie sie störend empfand. Nach der Vereinbarung weiterer Termine, verließ Mana die Klinik.

Sie hatte das Bedürfnis, nachhause zu fahren und einige Tage im Kreis der Familie zu verbringen. Sie nahm Kontakt mit ihrem Bruder Adil auf; sie verabredeten sich zu einem Treffen daheim. Alle sahen, was nicht zu übersehen war: Mana war von schwerer Krankheit gezeichnet. Doch die Freude war so, wie sie immer war. Sie saßen zusammen und redeten und erzählten; Mana schien unbegrenzte Energien zu haben. Auch mit Deen saß sie zusammen; sie ließ sich von der Schule berichten, von den Lehrern und von den aktuellen Lerninhalten; sie gab ihm manch hilfreiche Denkanstöße. Wie immer vergeht die Zeit im Umfeld ersehnter und Glück spendender Geborgenheit schneller als erhofft. Immer wieder ist es die Zeit, die uns zwingt, von der erlebten Glückseligkeit Abstand zu nehmen. In den folgenden Tagen merkte sie eine zunehmende Atemnot; sie fühlte sich schwach und kraftlos. Wie schon an den Tagen zuvor ging sie früh zu Bett, las noch ein wenig in ihrer Aphorismensammlung und schlief ein – widerstandslos glitt sie hinüber in die Bereiche des Zeitlosen.

Die Beerdigung fand im kleinen Familienkreis statt. Der Imam ließ es sich nicht nehmen, ein paar Blumen auf ihrem Grab zu pflanzen.

Nachwort

Als Kommentar von Lesern dieser Novelle hörte ich: ‚eine traurige Geschichte‘. Auch ich empfinde es als traurig, wenn ein Mensch in so frühem Alter sterben muss. Ein Blick in die Welt zeigt, dass so viele Menschen im Kindes- und Jugendalter sterben müssen und allzu oft nehmen wir kaum Kenntnis von dem damit einhergehenden Leid, von den Schmerzen, Nöten und Ängsten, die in jedem einzelnen Fall tiefe Spuren hinterlassen. In der distanzierten Wahrnehmung ist der Tod eine große Selbstverständlichkeit; ein Jeder weiß um ihn, weiß, dass er irgendwann jedes Leben unausweichlich zu Ende bringt, dass er Teil des Schicksals ist, von dem sich keiner lossagen kann. Diese Selbstverständlichkeit mag der Grund sein, dass wir das Sterben in der Ferne so empfindungslos und unberührt hinnehmen, ja oft nicht einmal zur Kenntnis nehmen. In der Sorglosigkeit des eigenen Lebens halten wir den Tod auf Distanz. Das Denken an die Endlichkeit soll die uneingeschränkte Zusage an die Daseinswirklichkeit nicht stören, es soll nicht ablenken von der Unmittelbarkeit einer erfüllenden Zusage an das Leben.

Bevor wir diesen Gedanken weiter verfolgen, müssen wir uns um eine Begriffsklärung bemühen. Was bedeutet es, wenn wir vom Leben sprechen? Irgendwann, vor vielen Millionen Jahren, begann das Leben auf diesem Planeten. Ausgehend von einer einzigen Zelle entwickelte es sich weiter zu der Vielzahl der heute bekannten Lebewesen. Ein zum Leben befähigtes Wesen verfügt über ein in sich schlüssiges autarkes Funktionssystem mit den Fähigkeiten der Kommunikation, der Verteidigung, des Wachstums und der Fortpflanzung. Während jede einzelne Funktion wissenschaftlich erforscht und schließlich erklärt werden kann, bleibt die Frage offen, wer oder was die Idee vom Leben hat entstehen lassen. Wissenschaftlich ist diese Frage nicht zu klären. Manche sagen Gott, doch schon allein dieser Begriff bietet große Interpretationsmöglichkeiten. Immerhin wäre der Begriff des Schöpfers gleichermaßen gerechtfertigt. Von der Einzelle bis hin zu den heute bekannten Lebensformen besteht eine kontinuierliche Abfolge der verschiedenen Lebensentitäten, an deren Ende nach heutigem Erkenntnisstand der Mensch steht, ausgerüstet mit der Fähigkeit der Selbstreflektion, eine Voraussetzung für das, was wir Gewissen nennen. Das Leben beinhaltet demzufolge eine unbeugsame Kraft der Selbstgenerierung, der differenzierenden Weiterentwicklung, des Selbsterhalts und der Selbsterneuerung. So gesehen ist die Idee vom Leben unzerstörbar. Zum Prinzip des Lebens gehört aber auch das „Stirb und Werde", das Sterben und die Neuwerdung, die Verletzbarkeit und die Vergänglichkeit jeder einzelnen Lebensentität – und damit auch jedes einzelnen Menschen. Der

Mensch reiht sich mit seinem Dasein, mit seinem in dieser Welt Sein, ein in die kontinuierliche Abfolge, die wir das Leben nennen. Stirbt ein Mensch, bedeutet dies, dass sein Dasein in dieser Welt ein Ende gefunden hat, während das Leben an sich fortbesteht. So gesehen ist der Mensch ein Glied in der Kette, zugleich aber trägt er Verantwortung für die Kette, nicht nur durch die Weitergabe der genetischen Information, sondern durch die Weitergabe sozialer und kultureller Inhalte (Vorgabe und Vorbild). Diese Klarstellung seiner Daseinsfunktion und -bedeutung ermöglicht eine Zuordnung des einzelnen Menschen zur Idee des Lebens in der Weise, dass er nicht Herr des Lebens ist, sondern vielmehr in den Dienst des Lebens gestellt ist und Verantwortung trägt. Wie bereits ausgeführt: Jeder einzelne Mensch ist verletzbar und sein Dasein ist zeitlich begrenzt. Über die Dauer seines Daseins entscheidet er nicht selbst. Sein Leben lang haderte Dostojewski mit der „Ungerechtigkeit" eines frühen Kindstodes; eine Antwort blieb er uns und sich schuldig. Mehrere Jahre war ich in einer Kinderklinik tätig und habe das Sterben mancher Kinder miterlebt. Es waren ganz eigene Erfahrungen, nach denen Kinder anders aus der Welt gehen als ich das bei Erwachsenen erlebt habe. Entscheidend war das ihnen vermittelte Gefühl der Geborgenheit, des Angenommen-Seins. In ihrem großen Urvertrauen fiel es ihnen leichter, loszulassen und das Unumgängliche anzunehmen, sich fallen zu lassen in die

Obhut des Lebens. Mir wurde bewusst, dass das Leben im Augenblick des Sterbens seinen Anspruch auf das Dasein eines Menschen zur Geltung bringt, dass insbesondere Kinder den Eindruck vermitteln, nach Hause zu kommen. Mir wurde auch bewusst, dass im Umfeld eines sterbenden Menschen Zuwendung und Nähe vonnöten sind, um das Gefühl von Zuversicht und Lebensgewissheit entstehen zu lassen.

Wenn nun das Dasein eines Menschen als ein zeitlich begrenztes Aufscheinen in der endlosen Abfolge des Lebens verstanden wird oder als eine vom Leben gewährte Zueignung einer zeitlich zugeordneten persönlichen Wirklichkeit, dann stellt sich die Frage, warum der Mensch in der Unmittelbarkeit seiner erlebten Wirklichkeit den Tod so kategorisch und ablehnend auf Distanz hält, warum er zu seiner Kennzeichnung Schreckensszenarien entwirft, die sich vermutlich eher auf das Sterben als auf den Tod selbst beziehen. Der Mensch weiß ja um die Begrenzung seines Daseins und doch fürchtet er nichts mehr als den Tod. Er unternimmt alles, um den Tod aus seinem Dasein auszugrenzen, um sich dem Drohenden zu entziehen. Kann der Weg zurück in das Leben nicht auch Erlösung bedeuten im Sinne eines Zuhause-Ankommens? Antoine de Saint Exupéry beschreibt in seinem Buch „Die Stadt in der Wüste" den auf Gott hin geschaffenen Menschen, der in der Hingebung an das Leben seine letzte Erfüllung findet. Er schreibt: „So entdeckte ich, als ich auf dem höchsten Turm der Zitadelle stand, dass weder das Leid noch der Tod in Gottes Schoß und nicht einmal die Beweinung der Toten beklagenswert ist. Denn wenn das Andenken des Entschwundenen geehrt wird, ist er gegenwärtiger und mächtiger als der Lebende. Und ich begriff die Angst der Menschen und sie dauerten mich." „So habe ich lange den Sinn des Friedens bedacht. Er kommt durch die Kinder, die geboren werden, die geborgene Ernte, das endlich geordnete Haus. Er kommt von der Ewigkeit, in die die vollendeten Dinge eingehen."

Für jeden Menschen kommt irgendwann die Zeit, darüber nachzudenken und für sich die Dinge zu ordnen.

Johannes Horn, geboren am 23. März 1943 in Wüstegiersdorf bei
Waldenburg in Schlesien. Schon während der Schulzeit interessiert er
sich für Literatur und Malerei. In dieser Zeit entstehen erste Gedichte.
Während seines Medizinstudiums befasst er sich intensiv mit psycho-
logischen und philosophischen Fragestellungen. Es entstehen erste
Abhandlungen und essayistische Schriften. Er versteht das Malen und
Schreiben nicht als Ausgleich zu seinen beruflichen Ambitionen – er
sieht sie als wesentliche Voraussetzung für die Verstehbarkeit des
Lebens. Immer wieder beschäftigt er sich mit den Randbereichen der
Medizin. So entstehen neben einer Vielzahl von wissenschaftlichen
Publikationen umfangreiche Abhandlungen über gesellschaftliche
Probleme und ethische Fragen in der Medizin („Alle Zeit der Welt",
„Stille, du bleibende Sprache", „Der mündige Patient", „Goethe, der
größte Chirurg").
Johannes Horn war von 1987 bis 2008 Chefarzt der Abteilung für
Allgemein- und Visceralchirurgie des Städtischen Krankenhauses
München-Harlaching.

Goethe – der größte Chirurg?
2000, 57 Seiten, 13 Zeichnungen, gebunden
ISBN 978-3-922777-33-5

Der mündige Patient und andere Beiträge zur Medizin
2000, 222 Seiten, gebunden
ISBN [print] 978-3-922777-32-8
ISBN [ebook] 978-3-942825-26-9

Ungelesene Briefe
2011, 310 Seiten, Halbleinen, gebunden
ISBN [print] 978-3-942825-01-6
ISBN [ebook] 978-3-942825-27-6

Gedichte und Aphorismen
2016, 153 Seiten, Hardcover mit Schutzumschlag
ISBN 978-3-942825-43-6

Lebenswirklichkeiten
2016, 389 Seiten, Hardcover mit Schutzumschlag
ISBN 978-3-942825-51-1

Von der Notwendigkeit des Widerspruchs
2018, 352 Seiten, Hardcover mit Schutzumschlag
ISBN 978-3-942825-72-6

Der Steuerprüfer
2020, 257 Seiten, Hardcover mit Schutzumschlag
ISBN 978-3-942825-86-3

»Musstest du Stein werden …«
2020, 82 Seiten, Hardcover mit Schutzumschlag
ISBN 978-3-942825-82-5

Sterbehilfe
2021, 61 Seiten, Hardcover
ISBN 978-3-942825-89-4

Es ist Krieg
2023, 198 Seiten
ISBN 978-3-384-04246-0
E-Book ISBN 978-3-384-04247-7